LA MÉDAILLE
DE SAINT BENOIT

LA MÉDAILLE
DE SAINT BENOIT

PAR

LE R. P. DOM A. LENOBLE

PRIEUR DE L'ABBAYE SAINT-MAUR

Deuxième Édition

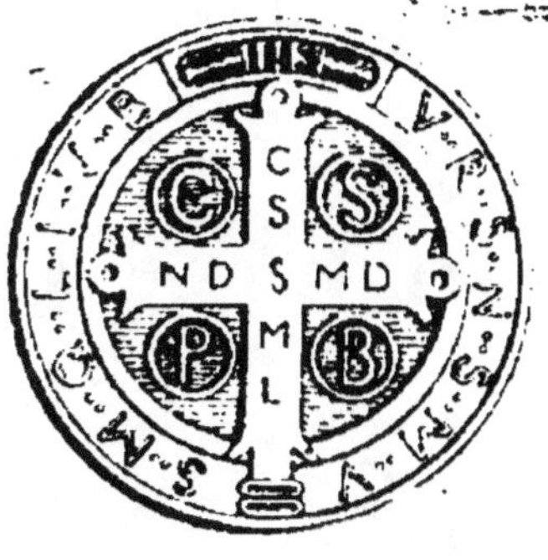

<table>
<tr><td>LIGUGÉ
Imp. Saint-Martin
(Vienne)</td><td>ABBAYE SAINT-MAUR
par Gennes
(Maine-et-Loire)</td></tr>
</table>

1901

AVANT-PROPOS

La seconde édition de cette Notice, revue et notablement augmentée, relate un grand nombre de faits que ne contenait pas la première. Son but est de faire connaître en quelques pages la Médaille de saint Benoît. On y chercherait vainement un travail original : ce n'est qu'un résumé des divers opuscules publiés sur le même sujet, notamment de ceux de Dom Guéranger[1] et de Dom Zelli Zacobuzi[2]. Puisse-t-elle exciter chez tous la dévotion au saint Patriarche et leur faire obtenir sa bienveillante protection !

Abbaye Saint-Maur, 15 janvier 1901.

---

1. *Essai sur l'origine, la signification et les privilèges de la Médaille ou Croix de saint Benoît,* par le R. P. Dom Prosper Guéranger, 11ᵉ édition. Paris, Leday, 1890.

2. *Origine et effets admirables de la Croix ou Médaille de de saint Benoît,* par Dom Zelli Zacobuzi, Abbé de Saint-Paul-hors-les-Murs. Traduction de A. d'Avrainville, 7ᵉ édition, Tours, 1894.

NOTE

SUR LA VIE DE SAINT BENOIT

Saint Benoît naquit en 480 à Norcia, en Ombrie, d'une famille noble. Jeune encore, il vint à Rome dour y faire ses études. La crainte de perdre son innocence au milieu d'une jeunesse corrompue le détermina à fuir le monde et à se retirer dans les montagnes de Subiaco. Il y vécut solitaire dans une caverne et se livrant à d'effrayantes macérations. Assailli par une violente tentation d'impureté, il se roula dans les épines, au point de déchirer tout son corps. Le Séraphique saint François, venant prier en ce lieu, bénit ces buissons sauvages qui dès lors se chargèrent de roses. La renommée du bienheureux solitaire, se répandant en dehors de sa retraite, lui attira de nombreux disciples. Il fonda douze monastères, dans chacun desquels il mit douze religieux avec un Supérieur.

Des persécutions de toutes sortes le forcèrent à quitter Subiaco. Il se rendit au mont Cassin, où il détruisit les temples des idoles. C'est là qu'il écrivit la *sainte Règle*, code de perfection tout évangélique pour les moines d'Occident : c'est de là également qu'il envoya ses disciples fonder au loin des monastères et propager ses saints enseignements. Les plus célèbres sont saint Placide,

martyrisé en Sicile, et saint Maur, qui vint en
Anjou.

Saint Benoit, selon la remarque de saint Grégoire
le Grand, fut, pour la portion choisie de l'Église,
ce que Moïse avait été pour Israël. Moïse reçut
mission de faire sortir les Juifs de l'Égypte ; saint
Benoit guide ceux qui quittent le monde pour
mener la vie parfaite. Le premier, par la figure
de la croix, sauve le peuple de la servitude
d'Amalec et de la morsure des serpents ; l'autre,
par le culte de la croix, arrache ses nombreux
disciples aux pièges du démon, aux tentations du
monde et de la chair.

LA MÉDAILLE

DE SAINT BENOIT

I

DESCRIPTION

La Médaille de saint Benoît, dont on voit une gravure sur le titre de cet opuscule, porte d'un côté l'image du saint Patriarche tenant la Croix de la main droite. Sur l'autre face est représentée la Croix avec un certain nombre de lettres dont chacune est l'initiale d'un mot latin. Ces divers mots réunis forment un sens qui manifeste l'intention de la Médaille. Leur but est d'exprimer les rapports de saint Benoît avec le signe sacré du salut et de fournir en même temps aux fidèles des formules pour invoquer la vertu de la sainte Croix contre les esprits de malice.

Tout d'abord quatre lettres sont placées aux angles de la Croix :

$$C \qquad S$$
$$P \qquad B$$

Elles signifient : CRUX SANCTI PATRIS BENEDICTI. (*La Croix du saint Père Benoît.*) Ces paroles expliquent déjà le but de la Médaille.

Sur la branche verticale de la Croix on lit :

$$C$$
$$S$$
$$S$$
$$M$$
$$L$$

Ce qui veut dire : CRUX SACRA SIT MIHI LUX. (*Que la sainte Croix soit ma lumière.*)

Sur la ligne horizontale on lit :

$$M \quad D \quad S \quad M \quad D$$

c'est-à-dire : NON DRACO SIT MIHI DUX. (*Que le dragon ne soit pas mon chef.*)

Le sens de ces deux lignes réunies est une protestation du chrétien, exprimant sa confiance envers la sainte Croix et sa résistance aux suggestions du démon.

Autour de la Médaille se lisent les caractères suivants :

$$V \; R \; S \; N \; S \; M \; V - S \; M \; Q \; L \; I \; V \; B$$

Ce qui signifie : Vade Retro Satana, Nunquam Suade Mihi Vana ; Sunt Mala Quæ Libas, Ipse Venena Bibas. *(Retire-toi, Satan, ne viens pas me conseiller les vanités ; le breuvage que tu verses est le mal ; bois toi-même tes poisons.)*

Ces paroles sont censées sortir de la bouche de saint Benoît ; celles du premier vers, lors d'une tentation dont il triompha par le signe de la Croix ; celles du second vers, au moment où ses ennemis lui présentèrent une coupe empoisonnée qu'il brisa en formant de loin le même signe sur le vase contenant un breuvage mortel.

Le chrétien peut s'approprier ces paroles toutes les fois qu'il est en butte aux tentations et aux insultes de l'ennemi invisible de notre salut. Notre-Seigneur a lui-même, pendant sa tentation au désert, sanctifié les premiers mots : « *Vade retro Satana* : Retire-toi, Satan. » Leur valeur est donc garantie par l'Évangile.

Les *vanités* que le démon nous conseille sont les désobéissances à la loi de Dieu, les pompes et les fausses maximes du monde. Le breuvage offert par cet ange de ténèbres est le péché et produit la mort de l'âme. Au lieu de l'accepter, nous devons le lui laisser, comme le partage qu'il s'est choisi lui-même.

Au-dessus de la Croix se trouve le saint nom de Jésus, dont la vertu est toute-puissante. Il est exprimé par le monogramme ordinaire : I H S.

Le chrétien saisit immédiatement la force de cette conjuration qui oppose à Satan les principaux objets de sa terreur : la Croix, le saint nom de Jésus, les propres paroles du Sauveur dans la tentation, enfin le souvenir des victoires remportées par le grand Patriarche saint Benoît sur le dragon infernal.

La Croix a été l'instrument de la rédemption du monde. L'Église salue en elle *notre unique espérance* et enseigne qu'elle doit paraître au jugement dernier sur les nuées du ciel, comme le trophée de la victoire du Sauveur. La représentation de la Croix doit exciter en nous tous les sentiments de la reconnaissance envers Dieu, pour le bienfait de notre salut ; après la sainte Eucharistie, rien sur la terre n'est plus digne de nos respects que la Croix.

Profondément pénétrés de la foi la plus vive, les premiers chrétiens eurent, dès le principe, la plus grande vénération pour l'image de la Croix, et les Pères de l'Église ne cessent de la célébrer par leurs louanges. Dieu lui-même la donna à Constantin, lorsqu'il fit paraître dans le ciel une Croix avec ces mots : « Tu vaincras par ce signe. » Combattant sous cet étendard tout-puissant, le prince triompha de ses ennemis et rendit la paix à l'Église, après trois siècles de persécutions. Aussi, depuis les temps les plus reculés, l'usage constant des fidèles a-t-il été de produire fréquemment le signe de la Croix, d'en placer l'image sur eux-mêmes et dans leurs demeures. L'Église prescrit à ses ministres de sanctifier par ce signe sacré tous les objets que le caractère sacerdotal leur permet de bénir.

« L'honneur de paraître sur la même Médaille avec l'image de la sainte Croix, dit Dom Guéranger, a été déféré à saint Benoît dans le but de marquer l'efficacité que ce signe sacré a eue entre ses mains. Saint Grégoire le Grand, qui a écrit la vie du saint Patriarche, nous le représente dissipant ses propres tentations par le signe de la Croix, et par ce même signe qu'il fit sur un breuvage empoisonné, brisant le vase, et découvrant le mauvais dessein de ceux qui avaient attenté à sa vie. Si le malin esprit, pour effrayer les frères, fit paraître en feu le monastère du Mont-Cassin, saint Benoît dissipe à l'instant ce prestige, en produisant sur les flammes fantastiques ce même signe de la passion du Sauveur. Si ses disciples sont agités intérieurement par les suggestions du tentateur, il leur indique pour remède de former sur leur cœur l'image de la Croix. »

Fidèles aux enseignements de leur Père, les disciples de saint Benoît ont toujours eu une forte et tendre dévotion pour la sainte Croix.. Les annales de leur Ordre sont remplies de mille prodiges qu'ils ont opérés par le signe de la Croix. Ils ont célébré avec enthousiasme sa gloire et son efficacité ; ils ont fondé un grand nombre de leurs abbayes sous son puissant vocable dans toutes les parties du monde ; ils se sont appliqués à réunir dans leurs trésors des reliques de la vraie Croix, et beaucoup de leurs monastères en ont possédé des fragments insignes. Mais la mission la plus glorieuse, départie aux Bénédictins pour l'exaltation de la sainte Croix, a été celle de porter cet instrument du salut dans de nombreuses contrées par la prédication apostolique. La majeure partie du l'Occident doit à leur zèle le bienfait de la foi. Il est donc permis de conclure que l'on a réuni avec une convenance particulière l'image du saint Patriarche sur une même Médaille avec celle de la Croix du Sauveur.

Saint Benoît envoya son disciple chéri saint Maur fonder en Anjou, au lieu qui maintenant encore porte son nom, le premier monastère bénédictin de France. Il communiqua à son fils sa dévotion pour la sainte Croix, et le pouvoir de faire par son moyen des miracles. Il lui remit dans un coffret d'ivoire trois fragments du bois de la vraie Croix, comme un gage de leur longue union, comme un secours et une défense pour lui et ses compagnons contre les attaques des méchants. A l'aide de cette relique, saint Maur opéra de nombreux miracles. Il avait coutume de joindre à l'invocation de la vertu divine de la Croix un appel à l'intervention de saint Benoît. En touchant avec le bois sacré la plaie d'un de ses compagnons de voyage, il guérit le mal qui mettait sa vie en danger. Plus loin, il rendit la vue à un aveugle, en traçant sur ses yeux le signe de la Croix. Un clerc qui dirigeait la construction du monastère se brisa tout le corps en tombant d'un échafaudage sur un monceau de pierres. Saint Maur se mit en prières et le rendit à la santé en faisant le signe de la Croix sur ses membres informes. Tous ces miracles expliquent pourquoi ses images le représentent une Croix en main. Aujourd'hui encore, de nombreuses grâces spirituelles et des guérisons sont obtenues par son intercession, et on connaît l'efficacité de la *Bénédiction de saint Maur*.

Concluons donc que la Médaille de saint Benoît est une des armes les plus puissantes que Dieu ait mises entre nos mains contre la malice des démons; des faits sans nombre prouvent sa merveilleuse efficacité. Il suffit de prononcer avec foi les paroles gravées sur la Médaille pour se sentir immédiatement fortifié et pour éviter toutes les embûches que l'enfer dresse contre la vie de notre âme et de notre corps [1].

⚜⚜⚜⚜⚜⚜⚜⚜⚜⚜⚜⚜⚜⚜⚜⚜⚜⚜

II

ORIGINE

Un grand nombre de fêtes ecclésiastiques et de pratiques de dévotion n'ont aucune origine assignée dans l'histoire ; de même il est impossible de déterminer avec précision l'époque à laquelle a commencé l'usage de la Médaille de saint Benoît. Nous pouvons seulement constater les circonstances qui ont

---

1. Nous conseillons vivement aux personnes qui distribuent des Médailles de saint Benoît d'y joindre toujours une feuille explicative indiquant sommairement son usage et ses avantages. On peut se procurer ces feuilles à l'Abbaye Saint-Maur, par Gennes (Maine-et-Loire), au prix franco de 0 fr. 05 l'exemplaire, 0 fr. 25 la douzaine, 1 fr. 40 le cent.

On trouve à la même adresse des Médailles de saint Benoît en cuivre depuis 0 fr. 15 la douzaine, en métal blanc inaltérable depuis 0 fr. 50 la douzaine, et des Médailles de plus grand module en bronze, cuivre ou argent.

aidé à sa propagation et préludé à son approbation expresse par le Saint-Siège.

En 1647, à Nattremberg en Bavière, des magiciennes furent emprisonnées pour les maléfices pratiqués par elles contre la sécurité des habitants. Dans l'instruction du procès, elles déclarèrent qu'elles n'avaient jamais pu exercer aucun pouvoir sur l'abbaye de Metten, parce qu'on avait placé sur les murailles la représentation de la Médaille de saint Benoît, telle que nous l'avons décrite. Un manuscrit du début du XVe siècle, trouvé dans la même abbaye, contenait un dessin de l'image de saint Benoît tenant la Croix et accompagné des caractères figurant sur la Médaille. Tel est le premier témoignage précis que nous fournit l'histoire.

L'usage que saint Benoît fit de la Croix durant sa vie, la dévotion qu'il inspira à ses disciples, la coutume attestée chez ceux-ci d'implorer souvent, avec la puissance de la Croix, le secours de leur Père, nous autorisent à conjecturer que le saint Patriarche fut de bonne heure représenté avec le signe de notre rédemption. Un fait raconté dans la vie du pape saint Léon IX, né en 1002, fortifie notre conjecture. Dans sa jeunesse, il avait été une nuit mordu à la joue par un affreux reptile. Cette morsure, rebelle à tous les remèdes des médecins, l'avait réduit à l'extrémité. Mais pendant son sommeil, un vieillard vénérable, qu'il reconnut pour saint Benoît, descendit du ciel vers lui, et toucha sa plaie avec la Croix placée dans sa main droite : le mal disparut aussitôt sans laisser aucune trace. Peu de temps après, il embrassa la vie monastique, et, devenu Souverain Pontife sous le nom de Léon IX, il érigea, en l'honneur de la sainte Croix, l'abbaye de Woffenheim en Alsace. Ce miracle put facilement donner l'idée de représenter saint Benoît tel qu'il apparut à saint Léon IX.

Quoi qu'il en soit des faits antérieurs, l'événement de Nattremberg réveilla la dévotion des peuples envers saint Benoît représenté avec la Croix à la main, et la piété des fidèles ajouta à son image gravée sur les Médailles les caractères dont le manuscrit de Metten avait fourni l'explication. D'Allemagne, où elle fut frappée d'abord, la Médaille se répandit dans toute l'Europe catholique, et fut regardée par les fidèles comme une défense assurée contre les esprits infernaux. Saint Vincent de Paul, qui mourut en 1660, paraît l'avoir connue, car toutes les Sœurs de Charité la portent à leur chapelet de temps immémorial.

III

EFFETS

Dieu étant le souverain et très libre dispensateur de ses dons, peut communiquer une vertu salutaire aux objets les plus modestes en apparence. Ainsi il choisit de simples éléments matériels pour intermédiaires entre lui et nous, lorsqu'il institua les divins sacrements. Telle est la puissance merveilleuse que les bénédictions de l'Église attirent sur les sacramentaux et sur la Médaille de saint Benoît.

Très souvent, nous ne saurions expliquer pourquoi Dieu veut opérer certains miracles et accorder certaines faveurs à telle prière ou dévotion plutôt qu'à telle autre : cela dépend de sa libre volonté. Toujours est-il que l'expérience nous apprend qu'on sera plus facilement exaucé en une circonstance donnée par l'emploi de telle pratique de piété.

Une longue série de grâces obtenues par quiconque se sert avec foi de la Médaille de saint Benoît a rendu celle-ci chère à la piété catholique. En nos temps difficiles, il est plus que jamais opportun de s'en servir. Chaque jour, livres, brochures et journaux offrent aux lecteurs sans méfiance le poison mortel de fausses doctrines et d'impudents mensonges ; chaque jour les progrès des arts et des sciences servent à nourrir les désirs vains et méchants, à favoriser la mollesse et le plaisir : c'est le temps ou jamais de purifier notre cœur par le signe de la Croix et de rejeter loin de nous le breuvage empoisonné que nous offre le monde. Les peuples retournent au paganisme ; ils renient le Christ, repoussent sa lumière et suivent le prince des ténèbres : plaçons la Croix sur notre poitrine, appliquons-nous à la prière et aux bonnes œuvres pour vaincre les pièges dressés à profusion autour de nous et avoir le courage de servir Notre-Seigneur au milieu d'un monde qui l'oublie. Implorons à cette fin le secours de saint Benoît : puisse-t-il nous assister durant notre vie et nous obtenir une heureuse mort !

Nous allons voir que le saint Patriarche vient puissamment au secours de quiconque s'adresse avec confiance à lui et lui demande sa protection dans les circonstances les plus variées. Nous diviserons en cinq catégories les faveurs que nous avons à signaler.

1° *Protection contre le démon.*

Les esprits mauvais, ne pouvant rien contre Dieu, manifestent la haine qu'ils lui portent en s'attaquant à l'homme, créé à l'image du souverain Seigneur. Ils s'efforcent de détruire en lui la grâce, et ainsi de le priver du bonheur céleste dont eux-mêmes ont été dépossédés. Ils se plaisent aussi à troubler son âme, à molester son corps et à lui nuire dans les objets divers qui servent à ses besoins.

La Médaille semble avoir été instituée à l'effet spécial de chasser les démons des éléments matériels, de déjouer leurs ruses infernales, de délivrer l'homme de leurs attaques intérieures et extérieures. La présence de ce signe vainqueur suffit pour frapper d'impuissance les légions maudites et les forcer à une fuite honteuse. C'est ce que confirme une foule de témoignages historiques.

Il sera donc avantageux de l'employer avec foi dans les occasions où nous aurions à craindre les embûches de l'ennemi. Sa protection, n'en doutons pas, se montrera efficace en faveur de toutes les personnes tentées, fussent-elles même presque réduites au désespoir. Des faits nombreux et incontestables ont signalé encore son puissant secours dans mille occasions, où, soit par l'action spontanée de Satan, soit par quelque maléfice, les fidèles avaient à redouter un péril. Nous la pouvons employer aussi en faveur des autres, comme moyen de préservation ou de délivrance des dangers les plus divers.

De nos jours, M. Dupont, le « saint homme de Tours », en a usé constamment. Il portait sur lui la « bienheureuse Médaille », comme il l'appelait, en avait toujours une quantité dans ses poches, et savait, en mille circonstances, s'en servir avec un merveilleux à-propos contre Satan et ses suppôts. Jamais peut-être l'action des démons ne s'est montrée plus formidable qu'aujourd'hui. Au grand Patriarche Benoît est réservé, selon M. Dupont, le privilège de nous apprendre avec quel esprit de foi et de confiance il faut arriver à pouvoir dire d'une manière terrible : « Arrière, Satan ! » et à mettre l'ennemi du genre humain dans l'impuissance de nous nuire.

Voici un exemple [1] choisi entre mille :

A peu de distance de Rennes, en 1861, une maison, qui servait à la fois de billard et de café, était habitée et dirigée par un ménage

---

1. Nous donnons dans cette brochure un certain nombre de faits attestant la protection de Dieu sur ceux qui se confient en la Médaille et l'intercession de saint Benoit. Nous n'entendons nullement leur attribuer le caractère de miracles positifs. Ces faits sont extraits presque tous de l'*Essai* de Dom Guéranger et de la publication intitulée : *Faveurs obtenues dans les Missions par la protection et la Médaille de saint Benoit.* Ce recueil fait suite à la brochure : *La Médaille ou Croix de saint Benoit,*

chrétien, lorsque d'étranges symptômes de
la présence des démons se firent tout à coup
sentir. Alors même qu'il n'y avait personne
au billard, des bruits et des voix imitaient
une nombreuse assemblée de joueurs; les
meubles changeaient de place dans la maison
sans que personne y portât la main, les
portes s'ouvraient et se refermaient, et un
bruit extraordinaire se produisait dans les
lits des diverses chambres. Une nuit de Noël,
la servante, étant montée à sa mansarde pour
s'habiller avant de se rendre à la messe de
minuit, trouva cette pièce remplie d'une
épaisse fumée, au sein de laquelle s'agitait
quelque chose d'insaisissable. Elle poussa un
cri, sortit précipitamment et tomba sans con-
naissance. Les habitants de la maison étaient
en proie à une terreur continuelle par suite

---

surtout dans les Missions. Quelques récits ont été
recueillis de la bouche de témoins oculaires dignes
de foi, d'autres nous viennent du Jura, où cette
Médaille a opéré un grand nombre de prodiges.

Les lecteurs au courant de quelque faveur no-
table et avérée sont priés d'en envoyer le récit,
certifié exact par leur curé, avec autorisation de le
publier, à l'auteur de cette brochure, à Saint-
Maur, par Gennes (Maine-et-Loire). Ils accompli-
ront ainsi un devoir de reconnaissance envers
saint Benoît, leur bienfaiteur, et contribueront à
augmenter sa gloire et à inspirer confiance à ses
dévots clients.

de ces étranges phénomènes. Ils avaient fait
dire un grand nombre de messes pour les
défunts, et réclamé les prières de l'Église
pour la bénédiction des maisons infestées ;
jusqu'alors le fléau n'avait pas cessé. Il n'y
avait plus rien à faire que d'abandonner
enfin cette maison nouvellement construite,
et dans laquelle les habitants avaient espéré
trouver un logement commode et agréable.
Une pieuse femme parla de la Médaille de saint
Benoît, et engagea les habitants de la maison
à y recourir. On commença à en attacher
une à chaque porte, et tout aussitôt la délivrance se fit sentir. Mais on n'avait pas songé
à placer le signe du salut à l'entrée de la
cave, et toute la malice des démons sembla
s'y être réfugiée, tant on y entendait de
bruit, et tant il s'y faisait de désordre. On y
apposa aussi la Médaille, et l'influence diabolique quitta tout à fait la maison ; mais ce
ne fut pas sans vengeance : car la personne
de qui nous tenons ces faits, arrivés en l'année
1861, fut subitement saisie par une cruelle
obsession du démon, qui la fit durement
souffrir dans son corps et dans son âme.
Elle a obtenu enfin du soulagement en
suivant les conseils de son directeur, qui
lui a recommandé de s'armer de hardiesse
contre le démon, et de prononcer fréquemment contre lui les saints noms de Jésus,
Marie et Joseph.

Si nous avons un tel besoin en pays catholique de la protection de saint Benoît, combien plus les missionnaires auront-ils sujet d'y recourir pour détruire l'empire que Satan s'est arrogé parmi les païens, et établir sur ses ruines le règne de Jésus-Christ! Par sa vocation, le missionnaire est voué à combattre le diable, à lui arracher les âmes; aussi le démon use-t-il de toute sa puissance pour entraver l'œuvre d'évangélisation. Il est donc infiniment désirable que les porteurs de la bonne Nouvelle connaissent la puissance de saint Benoît pour leur venir en aide dans les difficultés de l'apostolat. Dans les pays de missions on répand la Médaille de saint Benoît par milliers, et les prodiges qu'elle opère sont si nombreux, qu'en plusieurs de ces contrées on la nomme couramment la *Médaille chasse-diable*.

2. *Grâces spirituelles.*

Venons à l'ordre spirituel. Dans le monde des âmes, la Médaille de saint Benoît n'a cessé d'opérer d'éclatants prodiges. La foi en la vertu du signe de la Croix et en l'intercession du saint Patriarche fait violence au ciel et obtient des grâces abondantes de lumière, de force, d'espérance et de consolation. Alors même que les pécheurs refusent d'accepter la Médaille, il a parfois suffi de la cacher à leur insu dans leurs vêtements, dans les lits, les meubles, etc., pour obtenir la grâce désirée. On a vu les habitudes les plus invétérées céder devant la bienfaisante influence de la Médaille.

Mme H. C. écrit de Brie (Deux-Sèvres), le 30 janvier 1898 : « Il y a trois ans, je remis une Médaille de saint Benoît à un grand pécheur, c'était un ivrogne incorrigible ; je ne l'interrogeai pas, car je le voyais pour la première fois, et dans un état qui ne lui aurait pas permis de me répondre. Depuis, je ne le revis plus pendant trois ans. Or, quelle ne fut pas ma surprise, le 8 janvier, comme j'entrais dans une maison voisine. d'apercevoir et de reconnaître le pauvre mendiant que j'avais perdu de vue pendant plusieurs années ! Et lui de s'écrier en me voyant : « Voilà celle qui m'a sauvé la vie ! » Là-dessus il raconta comment, lorsque je lui remis la Médaille de saint Benoît, il la reçut sans aucune confiance et même en ricanant ; comment, à partir de ce moment, il avait senti diminuer, puis disparaître complètement le tremblement nerveux qui agitait tous ses membres : « Et ce qu'il y a de plus merveil- « leux encore, ajouta-t-il, c'est que j'ai fait « mentir le proverbe, car j'ai cessé de m'eni- « vrer comme je le faisais auparavant. Grâces « en soient rendues à saint Benoît, qui m'a

« rendu la santé de l'âme et du corps, et
« dont j'ai ressenti la bienfaisante protection
« en bien des circonstances ! Un jour entre
« autres, je faillis être victime d'un accident
« de voiture. Dans la chute que je fis alors,
« il me vint à la pensée que j'étais perdu ;
« c'est assez vous dire combien grave était
« cet accident. Aussi grand fut mon étonne-
« ment de me relever sans la plus légère
« blessure. J'en témoignai ma reconnais-
« sance à saint Benoît, promettant de l'invo-
« quer tous les jours de ma vie. »

Le R. P. Chambrand, S. J., écrit de Zahlé
(Syrie), le 23 avril 1896 : « J'avais pu me
procurer par hasard quelques Médailles de
saint Benoît ; presque chacune d'elles a été
l'objet de faveurs très spéciales : une personne entre autres, très ennuyée, très fatiguée
et tourmentée par des pensées mauvaises de
tout genre, au point qu'elle pouvait diffici-
lement trouver un instant de repos, com-
mençait presque à désespérer de son salut
éternel. Je lui donnai une Médaille, et aussitôt, comme par enchantement, cessent toutes
les tentations et tous les tourments inté-
rieurs ; la paix revint et, avec cette paix, une
confiance sans bornes en la miséricorde de
Dieu. »

Saint Benoît est particulièrement secou-

rable aux mourants, eussent-ils vécu dans
l'indifférence et le péché ; son assistance leur
est très salutaire dans les derniers combats.
C'est même là un des effets les plus connus
et les plus précieux de la Médaille.

3. *Guérisons.*

L'efficacité de la Médaille de saint-Benoît
contre les maux corporels, de quelque nature qu'ils soient, est si grande, les guérisons
obtenues par son moyen si nombreuses ,
qu'on est tenté de répéter à son propos la
parole de l'Évangile au sujet de Notre-Seigneur : « Il en sortait une vertu qui guéris-
sait tous les malades. » Nous allons en donner
quelques exemples.

Louis Moutin, âgé de dix-neuf ans, né à
Saint-Martin-de-la-Place, domestique à la
ferme des Pelouses, chez Mᵐᵉ veuve Gois-
lard, commune de La Menitré (Maine-et-
Loire), avait au-dessous de l'œil droit depuis
trois ou quatre mois une plaie suppurante.
Il avait consulté plusieurs médecins des en-
virons, qui, après avoir employé sans résultat
des remèdes de toutes sortes, s'accordaient à
prescrire une opération, parce que, disaient-
ils, l'os était carié. Le 23 décembre 1894, il
vint à l'abbaye Saint-Maur, voisine de La
Menitré, où on lui donna une Médaille de

saint Benoît. La veille de Noël au soir, il la fixa sur la plaie, en priant avec confiance. Le lendemain, lorsqu'il se réveilla, la plaie était complètement fermée. Depuis ce temps, une cicatrice est le seul reste du mal dont saint Benoît l'a délivré. Le personnel de la ferme fut témoin de l'application de la Médaille et de la guérison merveilleuse, qui excita l'étonnement et l'admiration dans toute la contrée.

La veuve Gouzy, septuagénaire, habitait la commune du Toureil (Maine-et-Loire). Au mois d'avril 1892, un tonneau, tombé sur sa jambe gauche, avait produit au-dessus du pied une écorchure qui atteignit l'os. A cet endroit se forma un amas de chairs noires. La douleur l'empêchait de dormir et de marcher depuis cinq semaines, et l'excroissance de chair putréfiée augmentait toujours. Après l'emploi de plusieurs remèdes, tous impuissants à la soulager, elle plaça sur le mal une Médaille de saint Benoît en priant avec foi. Trois jours après, l'excroissance, de la forme d'un oignon avec racines blanches adhérant à l'os, se détacha d'elle-même, et la plaie se referma.

4. *Préservation de dangers.*

Contre les innombrables dangers menaçant nos biens, notre santé, notre vie, la

Médaille est un préservatif universel, une garantie céleste et un gage assuré de sécurité.

Une protection surnaturelle spéciale environne ceux qui portent avec foi ce symbole sacré et les préserve d'accidents et de malheurs imprévus. Depuis plusieurs siècles, l'expérience de chaque jour en est la preuve, et nous pourrions citer mille traits à l'appui de cette vérité. En voici quelques exemples :

Le dimanche 28 novembre 1858, le jeune Henri S., âgé de quatorze ans, apprenti chez M. P., émailleur en bijoux, à Paris, rencontre dans la rue une personne qu'il savait remplie d'intérêt pour sa famille. Il la salue avec empressement, et, après quelques mots échangés, il reçoit d'elle une Médaille de saint Benoît qu'elle lui offre, dit-elle, comme une protection contre les dangers qui pourraient le menacer. Le jeudi suivant, 2 décembre, notre apprenti, s'étant laissé glisser sur les mains par la rampe de l'escalier, préoccupé de la pensée d'un choc avec une autre personne qui montait, avance la tête, perd l'équilibre et tombe d'un étage et demi. Dans sa chute, il rencontre d'abord la rampe inférieure, contre laquelle heurtent ses reins ; de là le contre-coup le rejette à la dernière marche, sur laquelle il se trouve assis, sans autre mal que l'étourdissement causé par la chute elle-même. Bientôt il remonte à l'atelier pour reprendre son travail. Le patron le renvoya à sa mère, voulant le laisser reposer quelques jours, dans la crainte des suites fâcheuses que pourrait entraîner un tel accident. La santé du jeune apprenti n'éprouva aucun dérangement ; et il fut fondé à attribuer la protection insigne dont il avait été l'objet à la présence sur lui de la Médaille de saint Benoît qui lui avait été offerte si à propos.

La Sœur Stanislas, religieuse de Saint-Paul de Chartres, écrit de Séoul (Corée), le 8 mai 1893 : « La ville était désolée cet hiver par une épidémie de petite vérole. Bientôt le fléau nous atteint. Que faire avec 150 enfants et pas d'infirmerie séparée ? (Notre établissement est encore trop récent pour être pourvu de tout le nécessaire.) Nous nous recommandons à saint Benoît et nous mettons une Médaille à ceux qui n'en avaient pas encore, demandant au bon Saint que cette triste maladie épargne les bien portants. Nous avons été pleinement exaucées. Pas un enfant n'a été pris, et pourtant ils étaient dans la même chambre, couchant côte à côte par terre avec les malades (car ici on ne connaît pas les lits). Quand je dis pas un, je me trompe : une enfant qu'on avait apportée et à qui on avait oublié de mettre la Médaille, a été

prise, tandis que les autres nouveaux à qui
on avait donné des Médailles ne se sont pas
sentis du mauvais air dans lequel ils se
trouvaient. »

5. *Secours aux animaux utiles à l'homme et bienfaits divers*

La Médaille de saint Benoît attire la protection divine sur les animaux domestiques,
en les délivrant de leurs maladies. Son secours s'applique même aux plantes de la
terre, aux êtres inanimés et à toute la nature
en général. Cette particularité ne saurait
étonner un chrétien ; car la vertu de la Croix
a réhabilité la création tout entière, et les
prières de l'Eglise s'étendent aux animaux
et à tout ce que la Providence a destiné au
service de l'homme. La Médaille est utile
notamment pour arrêter la mortalité du
bétail, lui restituer la fécondité et la pro-
duction du lait, pour faire pondre les poules
en leur temps et dissiper les embûches des
démons, lorsqu'ils s'opposent aux opérations
domestiques, comme la fabrication du
beurre, etc.

Grâce à saint Benoît et à sa Médaille, la
paix a été rétablie dans les familles, des
réconciliations ont été opérées, des succès
ont été obtenus aux examens ; des projets
ont été réalisés d'une manière inespérée, des

affaires importantes et difficiles ont eu une
heureuse issue, en dépit de la malveillance ;
des obstacles apportés aux œuvres se sont
évanouis, quand tout semblait désespéré ;
enfin des fidèles souffrant d'un pressant
besoin d'argent ont trouvé en saint Benoît
un secours opportun.

Souvent un propriétaire, dans le but de
vexer, d'obtenir un profit exagéré ou pour
tout autre motif, refuse de vendre un terrain
ou une maison, utiles au développement
d'une bonne œuvre. Plus d'une fois il a suffi
de placer des Médailles dans l'immeuble, et
l'acquisition en a été réalisée sans tarder
contre toute espérance.

Le 12 avril 1897, à la ferme de Noirette,
commune des Alleuds (Maine-et-Loire), une
vache tomba malade. Le vétérinaire trouva
son état grave, sans pouvoir se prononcer
sur la nature de la maladie. Il revint le 13
au matin et constata une méningite, mal qui
pardonne rarement. Il conseilla de vendre
l'animal et promit d'amener le soir un boucher pour acheter la bête. Dans la matinée,
après le départ du vétérinaire, la femme Ci-
gogne, journalière aux Alleuds, très dévote
à saint Benoît, fixa, pour conjurer la perte
qui menaçait les fermiers, une Médaille à la
corne de la vache et invoqua à genoux, dans
une prière fervente, le saint patriarche. Im-

médiatement un mieux sensible se manifesta, si bien que le soir, quand le vétérinaire amena le boucher pour abattre la vache, l'état de celle-ci était notablement amélioré, et, par suite, le fermier refusa de la vendre. Le mieux continua, et, au bout de quelques jours, l'animal était complètement guéri.

Au mois de mars 1898, dans une ferme de B..., près de T... (Calvados), Mme T... calculait avec peine le tort qu'allait lui occasionner la perte de plusieurs petits porcs, tous très malades, et dont l'un était déjà mort, lorsque Mlle R. F..., voyant les craintes de sa maîtresse, eut l'inspiration de lui offrir une Médaille de saint Benoît. Mme T... l'accepta avec reconnaissance et la plaça près des animaux. A partir de ce moment, tous se ranimèrent et furent bientôt complètement guéris.

Quelques jours après, Mme T... était menacée de perdre une très bonne vache. Le vétérinaire avait déclaré que tout espoir de guérison était perdu et tout remède inutile. La pauvre bête, dans l'excès de sa souffrance, se roulait convulsivement et mugissait à faire pitié. On n'attendait plus que la mort de l'animal, quand Mlle R. F... se souvient de sa Médaille et la donne de nouveau à sa maîtresse. Celle-ci exprime son projet d'attacher la Médaille à la tête de la vache. Les personnes présentes lui font observer que probablement le vétérinaire se moquera d'elle et de son remède. « Qu'il se moque, s'il le veut, répondit-elle résolument, peu m'importe ! » Et, bravant le respect humain, elle attacha ce précieux talisman à la tête de la vache, qui éprouva aussitôt un mieux si rapide, que le lendemain on la remettait dans l'herbage : elle était, grâce à saint Benoît, complètement guérie.

Dans la même localité et à la même date, en une circonstance analogue, M. R..., père de Mme T..., allait perdre une vache sur laquelle n'agissait plus aucun remède. Mlle R. F.... l'ayant appris, lui prêta sa merveilleuse Médaille, qui fut placée dans l'étable ; presque aussitôt l'animal recouvra la santé.

A la M... (Calvados) chez Mme D..., deux chevaux furent atteints si violemment qu'ils moururent dans les vingt-quatre heures. Deux vétérinaires, appelés, ne purent expliquer un mal si subit et si violent. Un troisième animal est frappé de la même manière ; aussitôt on place près de lui une Médaille de saint Benoît, et incontinent il guérit. Tous les autres chevaux restent bien portants et, durant les six ans écoulés depuis ce fait, aucune bête de cette écurie n'est morte.

Pour compléter et résumer nos remarques sur les effets merveilleux de la Médaille de saint Benoît, nous transcrivons la nomenclature abrégée des grâces que nos ancêtres lui attribuent, d'après leur propre expérience. De notre temps encore, il ne se passe pas de jour où la vertu de la Médaille ne se fasse ressentir par quelqu'un de ces merveilleux effets :

1° La Médaille soustrait à l'influence des maléfices et autres opérations diaboliques ; interdit l'accès du lieu où elle se trouve aux sorciers et aux personnes mal intentionnées, dissout les assemblées de magie, de nécromancie ou de spiritisme, jette la confusion dans les réunions de francs-maçons. Des constructions de temples protestants, de loges maçonniques, etc., furent empêchées ou abandonnées grâce à l'emploi de la Médaille.

2° Elle neutralise l'effet du poison, préserve des chutes, de la peste et autres épidémies, des morsures de serpents ou de chiens enragés, obtient la fécondité aux femmes stériles, les préserve de tout accident pendant leur grossesse et leur procure une heureuse délivrance ; elle est un remède puissant contre la maladie de la pierre, les points de côté, l'épilepsie, les pertes de sang et toutes sortes d'infirmités, délivre les corps humains des maléfices et de toute autre opération diabolique.

3° Elle protège contre la foudre, l'incendie, la grêle, les tempêtes, les naufrages, les inondations, les avalanches, le feu grisou, les explosions de chaudières, les éboulements dans les carrières, et généralement dans toutes les circonstances où le démon a pouvoir et permission de nuire ; elle garantit des accidents de chemins de fer et de voitures, ou fait éviter des malheurs certains dans ces sortes d'accidents ; elle éloigne ou empêche l'effet des engins dangereux ou nuisibles.

4° Elle offre un remède efficace aux animaux empoisonnés ou ensorcelés, leur rend la fécondité, permet de mener à bonne fin la fabrication du beurre et des autres produits utiles aux besoins de l'homme.

5° Enfin et surtout elle offre un préservatif merveilleux contre les tentations, spécialement celles de désespoir et d'impureté, procure le repos et la sécurité aux personnes troublées, calme les esprits dans les moments de grève ou de révolte, déjoue les obstacles qui entravent les bonnes œuvres, fait réussir des affaires importantes, amène la réconciliation des ennemis, rétablit la concorde dans les familles, procure la conversion des pécheurs, surtout à l'heure de la mort.

IV

MANIÈRE DE SE SERVIR DE LA MÉDAILLE

On porte la Médaille sur soi, suspendue au cou, attachée aux habits, scapulaires, chapelets, ou de toute autre façon. On en use pour faire le signe de la Croix sur soi-même, sur les aliments ou dans les boissons.

Pour guérir les animaux, on trace une Croix avec la Médaille dans l'eau dont on doit les abreuver ou les laver.

On peut encore la fixer sur le seuil des portes, sur les murailles, au-dessus du berceau des enfants, dans les étables, sur les machines, etc. On peut aussi la placer dans la terre ou dans un endroit quelconque.

On se gardera toutefois d'user de la Médaille comme d'un emblème superstitieux, capable à lui seul d'obtenir les effets désirés. On invoquera toujours, du fond du cœur, la miséricorde divine par les mérites de saint Benoît. Plus la foi et la confiance seront grandes, plus facilement Dieu se laissera toucher ; c'est de sa bonté et de sa puissance qu'on doit attendre les faveurs demandées.

On conseille de réciter cinq *Gloria* en

l'honneur de la Passion, trois *Ave* à la très sainte Vierge et trois *Gloria* en l'honneur de saint Benoît. On peut faire ces prières tous les jours, ou au moins chaque mardi, jour spécialement consacré à saint Benoît dans tout l'Ordre monastique.

La récitation fréquente du *Magnificat* en l'honneur de saint Benoît obtient beaucoup de grâces. Par cette prière, on se propose de le remercier de toutes les faveurs dues à sa médiation, et on rend grâces déjà par avance de son intervention.

On se servira aussi des prières gravées sur la Médaille : « Que la Croix sainte soit ma lumière ; que le dragon ne soit pas mon chef. Retire-toi, Satan ; ne viens pas me conseiller les vanités ; le breuvage que tu verses est le mal ; bois toi-même tes poisons [1]. »

---

1. Des personnes dévouées à la propagation de la Médaille dans les Missions sollicitent une aumône à cette intention. C'est un moyen de seconder les efforts des Missionnaires, de remercier saint Benoît des grâces dues à son intercession et d'implorer son secours. Ces aumônes seront reçues avec reconnaissance au Monastère de la Trappe d'Acey, par Pagney (Jura). Les Missionnaires sont priés de vouloir bien se souvenir au saint autel des personnes qui leur procurent des Médailles de saint Benoît.

V

INDULGENCES

Aucune des prières dont nous venons de parler n'est prescrite pour gagner les nombreuses indulgences attachées à cette dévotion, il suffit de porter sur soi ou d'avoir près de soi la Médaille bénite de saint Benoît.

Un bref de Benoît XIV, en date du 12 mars 1742, a sanctionné l'usage de la Médaille, en lui attribuant des indulgences considérables. Voici les principales :

I. *Indulgences plénières*

1° Ceux qui portent sur eux avec respect la Médaille de saint Benoît peuvent gagner l'*indulgence plénière* aux fêtes suivantes :

Noël ; — Épiphanie ; — Pâques ; — Ascension ; — Pentecôte ; — Trinité ; — Saint-Sacrement ; — Immaculée Conception ; — Nativité de Notre-Dame ; — Annonciation ; — Purification ; — Assomption ; — Toussaint ; — Fête de saint Benoît (21 mars).

Outre les conditions ordinaires, qui consistent à s'approcher du sacrement de pénitence, à recevoir la sainte communion et à prier selon les intentions du Souverain Pontife, on doit accomplir, au moins une fois chaque semaine, l'une des pratiques suivantes :

Réciter la couronne de Notre-Seigneur ; ou le rosaire ; ou le chapelet ; ou l'office divin ; ou le petit office de la sainte Vierge ; ou l'office des morts ; ou les psaumes de la pénitence ; ou les psaumes graduels ;

Enseigner les éléments de la foi aux enfants ou aux ignorants ;

Visiter les prisonniers ou les malades dans les hôpitaux ;

Faire l'aumône aux pauvres ;

Entendre ou célébrer la sainte messe.

Ces œuvres peuvent être remplacées, en cas d'empêchement, par trois *Pater* et trois *Ave* avec l'antienne *Salve Regina*, à laquelle on ajoutera : *Bénie soit la très sainte Trinité, et loués soient le très saint Sacrement et la Conception immaculée de la bienheureuse Vierge Marie !*

2° *Indulgence plénière* pour celui qui, à l'article de la mort, recommandera pieusement son âme à Dieu, puis, s'étant confessé et ayant communié, ou, s'il ne le peut, ayant produit dans son cœur l'acte de contrition, invoquera au moins de cœur, s'il n'a plus la parole, les noms de Jésus et de Marie.

3° Le Jeudi saint et le jour de Pâques, aux conditions ordinaires, on gagnera les mêmes indulgences que le Souverain Pontife répand sur le peuple en ces deux jours, du balcon de la basilique de Saint-Pierre à Rome.

II. *Indulgences partielles.*

4° *Vingt ans* d'indulgence, une fois la semaine, à celui qui priera chaque jour pour l'extirpation des hérésies.

5° *Sept ans et sept quarantaines* à celui qui aura accompli une des œuvres mentionnées au n° 1, dans les autres fêtes de Notre-Seigneur ou de la très sainte Vierge, ou des saints Apôtres, ou encore aux fêtes de saint Joseph, saint Maur (15 janvier), saint Placide (5 octobre), sainte Scholastique (10 février) et sainte Gertrude (17 novembre).

6° Indulgence d'*un an* à celui qui, ayant examiné sa conscience, et étant véritablement repentant de ses péchés, prendra la résolution de s'amender et de se confesser, et récitera cinq *Pater* et cinq *Ave*. S'il se confesse et reçoit la sainte communion, il obtiendra en ce même jour une indulgence de *dix ans*.

Toutes les indulgences précédentes peuvent être appliquées aux âmes du purgatoire. On trouvera mention d'autres indulgences dans l'*Essai sur la Médaille de saint Benoît*, par le R. P. Dom Guéranger.

Un moyen pratique pour gagner les indulgences consiste à former, dès le matin, l'intention de gagner toutes les indulgences attachées aux bonnes œuvres que l'on fera pendant la journée.

Celui qui a reçu en propre une Médaille indulgenciée ne peut la prêter, ni la donner, ni la vendre. S'il le fait, la Médaille ne perd pas sa valeur, mais perd ses indulgences.

La formule spéciale, approuvée par Benoît XIV, est de rigueur pour bénir la Médaille ; il ne suffirait pas de se servir du simple signe de croix que l'on emploie d'ordinaire pour indulgencier les médailles, croix et chapelets. Le privilège de bénir la Médaille et d'y attacher les indulgences a été étendu à diverses Congrégations de l'Ordre de Saint-Benoît. Le Rme Père Abbé de Solesmes peut communiquer ce pouvoir en France et dans les Colonies françaises.

VI

PROMESSES
faites par un Ange au nom de Dieu
A SAINT BENOIT

1° Ton Ordre vivra jusqu'à la la fin du monde.

2° Dans les derniers temps il se fera

remarquer par sa fidélité à l'Eglise romaine, et beaucoup par lui seront maintenus dans la foi.

3° Tous ceux qui mourront dans ton Ordre seront sauvés ; si quelqu'un de tes enfants persiste à vivre dans le désordre et ne se convertit pas, il sera chassé de l'Ordre, ou il en sortira de lui-même.

4° Quiconque persécutera ton Ordre, s'il ne s'en repent, verra finir sa vie par une mort funeste ou prématurée.

5° Tous ceux qui montreront affection et dévouement à ton Ordre feront une fin heureuse.

Cette révélation est consignée dans de très anciens documents du monastère de Lérins, au témoignage d'Arnold Vion, dans l'ouvrage intitulé *Lignum vitæ*, imprimé à Rome en 1595.

VII

DE LA DÉVOTION A S. BENOIT

Les motifs de la dévotion spéciale à tel Saint en particulier sont ordinairement empruntés à ses mérites, source d'un plus grand crédit auprès de Dieu. Or, si l'on considère tout ce que la grâce a opéré en saint Benoît, tout ce que saint Benoît a accompli par lui-même et par ses enfants pour l'honneur de Dieu, le salut des âmes et le service de l'Eglise, on est amené à penser que peu de Saints sont plus puissants auprès du Seigneur.

Sa Règle a seule régi pendant sept siècles tous les monastères d'Occident, dont le nombre s'est élevé jusqu'à 31.000, y compris toutes les branches ; la sainteté et la sagesse dont elle est remplie autorisent à la croire dictée par l'Esprit-Saint ; elle a engendré des milliers de Saints ; des nations entières ont été conquises sur le paganisme à la foi chrétienne par les disciples de saint Benoît ; les sciences et les lettres ont été préservées par eux de la destruction ; d'immenses richesses matérielles sont le fruit de leurs travaux de défrichement. L'Ordre Bénédictin a produit de nombreux martyrs, une multitude de saints évêques, trente Souverains Pontifes, dont un grand nombre ont édicté les mesures les plus importantes pour la défense et l'avantage de la chrétienté. Des millions d'âmes, depuis treize siècles, se sont consacrées à Dieu sous sa Règle et y ont trouvé la sanctification.

De nos jours encore, l'Ordre de Saint-Benoît, restauré en France par Dom Guéranger dans la première moitié du XIXe siècle, continue d'ouvrir ses pieux asiles aux âmes désireuses de mener la vie monastique et de servir l'Eglise. La donation complète de soi-même à Dieu, sans autre but déterminé, constitue l'idée première et fondamentale de la Règle bénédictine et renferme les trois vœux ordinaires de la religion ainsi que la double obligation de la prière et du travail. Séparé du monde et astreint à toutes les pratiques de la vie claustrale, le Bénédictin donne la meilleure partie de sa journée à la célébration solennelle de l'Office divin, qui est son œuvre principale ; le reste du temps, il se livre au travail, surtout au travail intellectuel, selon l'obéissance, qui doit être la directrice de toutes ses actions. Là il trouve dans la société de ses frères les avantages de la vie conventuelle, où toutes les volontés, tendant au même but, c'est-à-dire à procurer la gloire de Dieu, ne restent jamais stériles. Par cela même qu'il appartient exclusivement à Dieu, le Bénédictin ne saurait se désintéresser du salut du prochain : l'état actuel de l'Eglise, ses épreuves, ses espérances, ses travaux, ses progrès, sont l'objet de ses prières et de ses incessantes préoccupations ; c'est ce qui explique pourquoi Dieu trouve parmi les fils de saint Benoît des instruments toujours prêts, non point destinés à telle ou telle œuvre, mais absolument livrés à son bon plaisir ; on comprend que la société chrétienne ait si fréquemment fait appel à leur dévouement. qu'ils soient devenus eux-mêmes apôtres, docteurs, pontifes, sans autre préparation que la recherche de la sainteté et la célébration solennelle de l'Office divin compris et médité.

Un monastère bénédictin est donc un foyer d'où se répandent l'amour de Dieu et l'amour de l'Eglise. un centre d'influence bienfaisante pour la contrée qui le possède ; il exerce un véritable apostolat par sa simple existence et par les services que ses membres rendent à la cause religieuse, tant dans l'exposition et la défense de la vérité que dans les œuvres de charité extérieure.

Ceux-là mêmes que les lois ecclésiastiques écartent de la cléricature pour défaut d'études secondaires jouissent, comme les moines prêtres. du bienfait de la vie bénédictine et contribuent pour une part très réelle à l'action salutaire que tout monastère doit exercer visiblement ou non dans l'Eglise ; les Frères convers, ainsi qu'on les appelle. sont plus spécialement employés aux travaux manuels : entretien de la maison. culture ou exercice d'un métier.

Conformément aux traditions de l'hospitalité bénédictine, les étrangers, prêtres ou laïques, qui désirent passer quelques jours dans la retraite reçoivent un accueil bienveillant et dévoué. On ne saurait dire le nombre de ceux que le spectacle des observances monastiques, les sages conseils et les prières des religieux ont ramenés à la foi, affermis dans la pratique de leurs devoirs, ou dirigés dans leurs travaux.

Tout engage donc le peuple chrétien à adresser son culte et à recourir avec confiance au grand Patriarche, autour duquel Dieu a réuni tout ce qui peut contribuer à nous donner une idée de sa gloire immense dans les cieux. Invoquons-le dans nos besoins : il est puissant pour exaucer nos prières, et la bonté toute paternelle, qui a été un des traits principaux de son âme pendant sa vie terrestre, est demeurée, au sein même de la gloire, comme le caractère permanent de son intervention en faveur des habitants de la terre.

Dieu, suivant les besoins particuliers de chaque âge, a coutume de réveiller par des prodiges la dévotion et la confiance des peuples envers les Saints les plus puissants contre le mal dominant de l'époque. Ainsi l'élan donné actuellement au culte de saint Benoît semble providentiel. En ce moment où l'enfer multiplie ses efforts pour anéantir dans nos sociétés modernes, avec le règne du Christ, toute vie et toute institution surnaturelles, n'est-il pas opportun de recourir au grand Patriarche qui sur terre déjoua, par le signe de la croix, les multiples embûches de Satan, et dont la Médaille a été, pendant des siècles, la terreur des anges de ténèbres ?

Saint Benoît mourut le 21 mars 543, dans l'église du Mont-Cassin, debout comme un athlète, et, soutenu sur les bras de ses disciples, il expira devant l'autel, après avoir reçu l'Eucharistie et en prononçant une dernière prière. Dans une apparition, il fit à sainte Gertrude cette promesse : « Quiconque me rendra hommage pour la faveur dont mon Maître a daigné honorer mes derniers moments, je m'engage à l'assister moi-même à l'heure de sa mort. Fortifié par ma présence, il échappera aux pièges des ennemis de son âme, et le ciel s'ouvrira pour lui. »

Une si précieuse promesse a inspiré à ses enfants la pieuse pensée de réciter souvent la prière suivante.

VIII

PRIÈRES

PRIÈRE DE SAINTE GERTRUDE

Bienheureux Père Benoît, béni de Dieu par la grâce et par le nom, vous qui debout et en prière, les mains élevées vers le ciel, avez si heureusement remis votre âme angélique entre les mains de votre Créateur, vous avez promis de défendre activement dans la lutte suprême de la mort, contre toutes les embûches des ennemis, tous ceux qui, chaque jour, vous rappelleraient votre glorieux trépas et votre céleste félicité. O Père trois fois béni, protégez-moi, je vous en supplie, aujourd'hui et tous les jours par votre sainte bénédiction, en sorte qu'aucun mal ne puisse me séparer de Jésus, notre béni Sauveur, de vous-même et de tous vos enfants bénis. Par Jésus-Christ Notre-Seigneur.

Prière

ANTIENNE. Très saint confesseur du Seigneur, Benoît, Père et chef des moines, intercédez pour notre salut et pour celui de tous les hommes.

℣. Priez pour nous, saint Père Benoît.

℟. Afin que nous devenions dignes des promesses de Jésus-Christ.

ORAISON. Répandez, Seigneur, dans votre Église l'esprit dont a été rempli le bienheureux Père saint Benoît, afin que, pénétrés de ce même esprit, nous nous appliquions à aimer ce qu'il a aimé et à pratiquer ce qu'il a enseigné. Par Jésus-Christ Notre-Seigneur.

Prière

O Maître de la vie céleste, docteur et guide dans la voie de la perfection, grand saint Benoît, vous dont l'âme bienheureuse jouit de la félicité éternelle dans le sein de Dieu, veillez sur le troupeau fidèle, fortifiez-le de vos prières et introduisez-le dans le ciel par la voie brillante, où vous l'avez si glorieusement précédé.

O très glorieux Patriarche des moines, Benoît, aimé du Seigneur, Père très secourable envers tous les pécheurs qui requièrent humblement votre protection : moi qui suis un pauvre pécheur, je viens à vous ; je viens à vous parce que je sais que jamais un malheureux ne s'adressa à vous sans recevoir aide et consolation. Vos prières ont ressuscité des morts, vous avez rendu la vigueur aux boiteux, la vue aux aveugles, l'ouïe aux sourds ; vous avez brisé les liens des captifs, soulagé par des miracles la pauvreté des indigents, et vos cendres sacrées elles-mêmes ont opéré de nombreuses merveilles. Rempli de confiance par ces pensées, je m'approche de vous. Père plein de tendresse, et de tout mon cœur, je vous demande d'intervenir miséricordieusement en ma faveur auprès du Roi des rois. Veuillez me recevoir et me conserver en tout temps sous votre garde ; défendez de tous maux et mon corps et mon âme ; préservez-moi, avec tous ceux qui me sont chers, de la puissance des ennemis infernaux. Priez surtout pour mon salut éternel. O Père miséricordieux, ne me repoussez pas, mais obtenez-moi par vos glorieux mérites la grâce de mourir en tel état que je sois digne de parvenir près de vous au paradis du Bon Dieu dans votre immortelle et glorieuse compagnie. Ainsi soit-il.

Prière

Grand saint Benoît, père, guide et soutien de tous ceux qui se confient humblement en vous, daignez, je vous en prie, au nom de l'excellence de vos mérites, me recevoir sous votre aimable protection, me défendre contre tout ce qui peut nuire à mon âme, m'obtenir le pardon de mes péchés et la grâce d'éviter désormais tout ce qui peut déplaire à mon Dieu.

Je vous supplie également, ô Père très doux et très miséricordieux, de m'aider par vos prières à pratiquer les vertus dont vous m'avez laissé de si admirables exemples, afin que, combattant fidèlement sous votre protection, je parvienne enfin à me rendre digne d'être associé à votre félicité. Ainsi soit-il.

Prière de sainte Gertrude

Je vous salue par le Cœur de Jésus, grand saint Benoît ; je me réjouis de votre gloire, et je rends grâces à Notre-Seigneur de tous les bienfaits dont il vous a comblé ; je le loue, je le glorifie, et vous offre, en accroissement de joie et d'honneur, le Cœur très pacifique de Jésus. Daignez donc, ô bien-aimé Père, prier pour nous, afin que nous devenions selon le Cœur de Dieu. Ainsi soit-il.

IX

GRACES OBTENUES
par la Médaille de saint Benoit

1. CONVERSIONS. — En 1865, à Arbois Jura, un pauvre homme, atteint d'une maladie incurable, souffrait depuis plus d'un an d'horribles douleurs et, à chaque crise, blasphémait, en accusant d'injustice Dieu, qui le faisait souffrir si cruellement. Un aumônier de la ville alla le voir et fut reçu très grossièrement. Quelque temps après, M. Jacques, curé de la paroisse, est encore plus mal reçu. Un autre prêtre s'y rend et, dès qu'il parle de confession, reçoit l'injonction de ne plus reparaître. Mlle E. R. apprend de son confesseur l'efficacité de la Médaille de saint Benoit, et en reçoit une pour elle et l'autre pour le pécheur. Elle avait si mal à un genou qu'elle ne pouvait marcher ; deux jours après, son mal a disparu. Encouragée par cette faveur, le 30 avril 1865, elle se rend près du pauvre malade, lui raconte sa guérison et lui propose de suspendre une Médaille à son cou, tout en tremblant de recevoir un soufflet.

Contre son attente, le malade ramasse toutes ses forces pour soulever sa tête, pendant qu'on lui suspend la Médaille au cou, et, depuis lors il la conserva.

Le 7 mai, le vicaire, étant venu le visiter, le trouve si mal qu'il lui parle de se confesser, ce à quoi il consent sans résistance. Deux jours après, il renouvelle sa confession, reçoit l'absolution et meurt dans les meilleures dispositions possibles.

Un autre grand pécheur d'Arbois, conseillé par de mauvais sujets, avait les prêtres en horreur. Il en avait déjà insulté plusieurs ; un jour même il en avait terrassé un, près de la chapelle de l'Ermitage, l'avait foulé aux pieds et mis dans le plus triste état. Quelque temps après, ce misérable tombe malade : M. le curé va près de lui ; ce malheureux refuse de le voir. Plusieurs autres tentatives sont faites sans succès. A cette nouvelle, Mlle R... se rend chez lui et lui donne une Médaille de saint Benoît, qu'il accepte. Peu de jours après, ce pauvre pécheur consent à se confesser et meurt en bon chrétien.

2. Conversion. — Un officier avait été porté à l'hôpital de D... pour un mal fort grave au genou. Malgré tous les soins, il ne fit qu'empirer, et bientôt l'on dut songer à l'amputation. Cette opération allait forcé-

ment entraîner sa retraite et le jeter dans la misère.

Le capitaine X...., très impie, et d'ailleurs aigri par ses souffrances et la perspective du triste avenir qui lui était réservé, se livrait à des fureurs horribles, à d'affreux blasphèmes contre Dieu et la religion. Les Sœurs qui le soignaient en étaient épouvantées et ne savaient comment ramener à Dieu ce forcené. Une Médaille de saint Benoît fut mise près de lui, et voilà que cet homme devint doux comme un agneau. Réconcilié avec Dieu par une bonne confession, il fit demander pardon à son père des chagrins qu'il lui avait donnés. Il mourut dans d'admirables sentiments de foi et de repentir.

3. GUÉRISON DE LA FOLIE ET CONVERSION. — Une pauvre femme avait consacré sa petite fortune à soigner chez elle son mari devenu fou, ne pouvant se résoudre à le mettre dans un hospice d'aliénés. Son dévouement n'était pas sans danger, car tous les jours, dans ses accès de fureur, son mari se précipitait sur elle et sur sa fille pour les tuer.

Cet état durait depuis cinq ans. La malheureuse était à bout de ses forces et presque aussi de son courage, quand on lui conseilla de s'adresser à saint Benoît et d'essayer du pouvoir de sa Médaille. Elle le fit, et sa foi obtint une double récompense. Son mari recouvra sa raison ; il devint bon chrétien et il occupe maintenant une place bien rétribuée.

4. Conversion. — On écrit de la Côte d'Or d'Afrique, le 9 novembre 1893 : « Au mois d'avril, deux noirs étaient condamnés à mort pour meurtre. En qualité d'aumônier de la prison coloniale, j'allai les voir dans leur cellule. Or, pendant que l'un était calme et résigné à son sort, m'écoutant avec attention lorsque je leur parlais, et se plaignant même de ne pas me voir quand j'étais empêché de faire ma visite quotidienne, l'autre ne faisait que hurler et blasphémer, protestant de son innocence, ne voulant rien entendre et tentant de se suicider, ce qu'on put heureusement empêcher. Ne sachant plus, comme on dit, à quel saint me vouer, pour avoir raison de ce forcené, j'eus l'idée de m'adresser à un gardien de la prison, qui était bon catholique, et je lui demandai de glisser une Médaille de saint Benoît sous la couche du condamné. L'effet ne se fit pas attendre. J'arrivais à la prison en même temps que l'officier chargé d'avertir les malheureux que leur condamnation à mort, ratifiée par le gouvernement, allait recevoir son exécution dans six jours. Voilà mon prisonnier intraitable qui, tout changé, me

prend les deux mains en pleurant et en me suppliant de ne plus le quitter. En même temps il faisait l'aveu de son crime et se montrait plus résigné à mourir. Ainsi la Médaille de saint Benoît avait chassé le démon du désespoir, en le remplaçant par la confiance en Dieu et le repentir.

« J'ai donc profité du temps qui restait pour instruire les deux condamnés, et j'ai eu la consolation de les baptiser le matin de l'exécution. Puis je les ai conduits à l'échafaud, et ils ne cessaient de prier pendant le trajet, me disant au revoir au ciel, récitant une dernière fois l'acte de contrition et, en demandant pardon pour leurs crimes, pardonnant eux-mêmes à leurs ennemis. Au moment suprême, quand on rabattit sur leur figure la calotte noire, ils disaient encore : « Doux Cœur de Jésus, miséri-« corde ! » Ce furent leurs dernières paroles. » Qu'ajouter à ce simple et émouvant récit ? Nul doute qu'il ne serve, chez tous ceux qui le liront, à faire naître et grandir la dévotion à la Médaille miraculeuse de saint Benoît, dont l'efficacité se manifeste chaque jour, pour ainsi dire, par de nouveaux prodiges !

5. GUÉRISON ET CONVERSION. — Depuis dix ans, M. C..., de Brie (Deux-Sèvres), souffrait d'un mal auquel il n'avait pu trouver aucun

remède. Au mois de février 1898, il lava, comme on le lui avait conseillé, la partie malade avec de l'eau dans laquelle il avait déposé la Médaille de saint Benoît. Au bout de huit jours, il était guéri. Il raconte partout la façon merveilleuse dont il a été délivré de son mal ; il glorifie et remercie saint Benoît, qui l'a converti en le guérissant.

6. CONVERSION ET GUÉRISON. — Un jeune père de famille était très dangereusement malade et en outre était enflé jusqu'à la ceinture. Cette maladie, résultat de son inconduite, prit un tel caractère de gravité que les médecins désespéraient de le sauver, et, chose plus alarmante encore, il refusait tout secours religieux. Une pieuse personne, informée de cette triste situation, commença une neuvaine à saint Benoît et fit remettre au malade une Médaille du Patriarche. Le dimanche suivant, à la grande joie des siens, le jeune homme recevait la sainte Eucharistie et l'extrême-onction dans les meilleures dispositions. Peu de jours après il était en état de sortir. Saint Benoît ne s'était pas contenté de guérir l'âme, il avait aussi rendu la santé au corps.

7. IVROGNE CORRIGÉ ET CONVERTI. — Au mois de février 1866, un homme avait pris

depuis six mois l'habitude de s'enivrer tous les jours et faisait endurer tous les maux imaginables à sa femme et à sa fille, contre lesquelles il se querellait jusqu'à minuit et deux heures du matin. Les pauvres femmes en séchaient de chagrin. La fille du malheureux ivrogne apprend sur ces entrefaites la puissance de la Médaille de saint Benoît, elle en reçoit une de Mlle R..., son amie, la trempe dans le pot de vin, en priant le Saint de tout son cœur. Ce jour même, l'ivrogne ne boit pas avec excès, demeure corrigé de sa mauvaise habitude et la paix rentre dans cette maison troublée. Chose plus admirable : depuis ce moment, cet homme recommença à faire ses pâques, qu'il avait délaissées.

8. Pensées de désespoir. — Une malade, pendant sa dernière maladie, après une vie chrétienne, souffrait d'horribles peines d'esprit. Le démon ne lui laissait aucun repos et lui persuadait qu'elle était damnée. Une personne, témoin des angoisses de cette pauvre âme, eut la pensée de lui remettre une Médaille de saint Benoît, et aussitôt la malade recouvra le calme et la joie, et sa mort fut accompagnée d'une paix et d'une douceur qu'on ne pouvait assez admirer après avoir vu son trouble et sa désolation.

9. **Délivrance de possédées.** — Le R. P. Grenier, Missionnaire apostolique de la Malaisie, écrit en 1890 : « La Mission possède à Pinang un orphelinat très considérable. Il n'est pas rare de voir les enfants païennes qu'on y amène saisies par le démon, dès qu'elles mettent les pieds dans le couvent, se débattre et se livrer à des mouvements si violents que quatre hommes robustes ne peuvent les maintenir... Mais il suffit de plonger la Médaille de saint Benoît dans de l'eau qu'on leur fait boire, ou dont on les asperge, pour leur rendre instantanément le calme, en attendant l'instruction nécessaire au baptême. »

10. **Mort paisible.** — M. Chevalier écrit de Zanzibar le 10 octobre 1896 : « Le grand saint Benoît a fait un miracle sur une de mes malades, morte après un mois de séjour à l'hôpital. Vieille pécheresse, elle payait ses fautes passées par des souffrances intolérables parfois. Elle éprouvait une horreur à nulle autre pareille à la pensée de la mort qu'elle sentait approcher. La veille de son trépas, elle me suppliait de ne pas la laisser mourir, et me priait de ne plus la quitter, même la nuit, ajoutant qu'elle crierait si fort, au surplus, qu'elle espérait bien me faire accourir. Le lendemain, vers midi, elle rendit le dernier soupir dans une paix et

une confiance qui ne viennent pas de la terre. La transformation s'était faite en son âme du moment que je l'avais excitée à implorer saint Benoît et à baiser souvent sa Médaille pour chasser le démon, furieux de la voir chrétienne et repentante. Sa fin édifia son entourage, étonné de lui avoir vu passer la nuit et la matinée dans un calme complet, disant tout haut qu'elle n'avait pas peur, parce que Dieu est plus puissant que le diable, et que saint Benoît priait pour elle.

11. Maladie d'yeux. — Une petite fille, peu de temps après sa naissance, fut affligée d'une humeur qui faisait découler de ses yeux deux ruisseaux de pus : l'enfant allait devenir aveugle. La jeune mère, désolée d'un tel malheur, entend parler des miracles opérés par saint Benoît. Elle se procure une Médaille, la trempe dans tout ce qu'elle fait prendre à son enfant, et dans l'eau avec laquelle elle lui lave les yeux. Sa confiance très ferme ne fut pas trompée : quinze jours après l'emploi de la Médaille, la petite fille était complètement guérie.

12. Maladie mortelle. — Au mois de juin 1866, une jeune femme nommée Esther Grillon fut atteinte, quelques jours après ses couches, d'une maladie mortelle. Au dire des médecins elle n'avait que peu de

temps à vivre. Le mari de cette femme ainsi que deux de ses enfants, tous les trois estropiés, allaient se trouver dans la plus triste position. Connaissant la puissance de saint Benoît, ces pauvres gens demandent une Médaille à une pieuse personne. Celle-ci s'empresse de la leur porter et leur recommande en outre de la tremper dans tout ce qu'ils font prendre à la malade. Ils reçurent cette Médaille avec une foi touchante et comme un gage certain de guérison. Leur espérance ne fut pas trompée, car quelques jours après, la jeune femme avait recouvré la santé et proclamait saint Benoît son sauveur devant qui voulait l'entendre.

13. LÈPRE. — Un homme de quarante ans était, depuis six mois, couvert des pieds à la tête de plaies toutes noires, qui mettaient sa chair à vif, le jetaient dans le désespoir et lui faisaient endurer d'intolérables souffrances. Par les plus fortes chaleurs de l'été, bien que couvert de plusieurs manteaux, il grelottait au coin du feu. Cette lèpre répandait une odeur insupportable ; elle avait résisté à tous les remèdes et était jugée incurable par les médecins. Une voisine parle à la mère du malade de la Médaille de saint Benoît, lui conseille de la tremper dans la boisson de son fils et de prier avec confiance. Mais cette femme, qui elle-même

ne remplissait pas ses devoirs religieux, objecte que son fils est incrédule et que jamais elle n'osera lui offrir un tel moyen de guérison. « Qu'importe ! répliqua la voisine, essayez sans rien dire. » Ainsi fut fait, et malgré le triste état de cette pauvre âme, saint Benoît voulut bien opérer un miracle : au bout de quinze jours, le malade était totalement délivré du mal qui le dévorait. On ne lui a pas découvert le secret de ce prodige, et cependant, depuis lors, on le vit souvent aux offices de l'Eglise.

14. RHUMATISME ET MIGRAINE. — Une pauvre fille d'Arbois avait depuis longtemps un rhumatisme dans le bras droit. Ne pouvant plus travailler, elle était réduite à la plus grande misère. Son bras lui refusait tout service. Sa position, qu'aggravait la présence de plusieurs orphelins, ses neveux, demeurés à sa charge, était des plus tristes. Un jour elle entend parler des miracles qu'opérait chaque jour saint Benoît. Aussitôt elle demande une Médaille et, avec grande confiance dans le saint Patriarche, la fait toucher à tous ses aliments. Peu de jours après, toute joyeuse, elle publiait sa guérison. A quelque temps de là, cette même personne fut, par l'intercession de saint Benoît, guérie d'une migraine qui la faisait souffrir depuis plus de trente ans.

L'une des petites orphelines restées à la charge de cette pauvre fille était estropiée depuis longtemps et ne pouvait presque plus marcher. La tante fit usage de la Médaille pour la petite et envoya l'une de ses sœurs en pèlerinage à une chapelle de saint Benoît. La foi de cette brave personne fut de nouveau récompensée, car l'enfant est aujourd'hui complètement guérie.

15. PRÉSERVATION DE LA MORSURE D'UN SERPENT. — Mme E. B..., propriétaire à Nuits-Saint-Georges (Côte-d'Or), avait reçu une Médaille et la portait avec foi. Au mois de juillet 1898, par une très chaude température, elle était occupée à débarrasser les ceps de sa vigne des branches inutiles. Elle demeura baissée près d'un pied, le visage au niveau des branches centrales, promenant son bras et sa main dans la touffe pour distinguer les branches à fruits et supprimer celles qui n'en avaient pas. Elle en retrancha une demi-douzaine d'inutiles. Son vigneron s'avançait derrière Mme B...., piochant autour de chaque pied. Tout à coup il aperçoit, dans le cep que celle-ci venait d'émonder, une très grosse vipère, qu'il tua d'un vigoureux coup de son outil, en félicitant sa maîtresse d'avoir échappé à la morsure de ce reptile.

16. Secours d'argent. — Dans un faubourg très étendu de D..., fort éloigné de l'église paroissiale, une famille s'occupait beaucoup de la construction d'une église, destinée à devenir le centre religieux d'une nombreuse population. Un jour on eut un besoin urgent de 6000 francs ; mais on avait déjà frappé à tant de portes qu'on ne savait comment se procurer cette somme. Mme de X..., qu'un accident réduisait à garder la chambre, se mit à écrire quelques lettres, exposant la nécessité où l'on se trouvait, et elle eut soin de faire toucher toutes ses lettres à une Médaille de saint Benoît, pour recommander à ce grand Saint le succès de ses démarches. Le vénéré Patriarche ne put résister à tant de confiance. Les bourses où l'on avait puisé si souvent pour cette œuvre et pour tant d'autres s'ouvrirent encore et, chose remarquable, plusieurs des personnes auxquelles ces lettres étaient adressées apportèrent leurs généreuses offrandes avant même d'avoir reçu les missives qui les mettaient au courant de la triste situation.

17. Achat de terrain. — Le R. P. M. Guérin, O. M. I., Missionnaire apostolique, écrit, le 28 août 1894, de Tettaplai-Puttalam (Ceylan) : Le Directeur de notre orphelinat de Jaffna voulait acheter un terrain avoisi-

nant l'établissement. C'était une acquisition absolument nécessaire, car ce petit bout de terrain se trouvait placé à l'entrée de l'église, et le propriétaire refusait de le céder, défendant même à qui que ce soit de passer par là pour aller à l'église. C'était un terrain sans valeur, mais il voulait vexer le directeur de l'établissement. Celui-ci ayant demandé à l'acheter, il en exigea une somme énorme, dérisoire. Alors le Père songea aux Médailles de saint Benoît ; il en jeta une dans l'enclos. Le lendemain, le propriétaire venait, après plusieurs années de refus, l'offrir de lui-même à un prix des plus modiques. Depuis, le cher Père se sert de la médaille autant qu'il peut.

18. GUÉRISON D'ANIMAUX. — Vers 1885, chez Mme Morel, à Tierceville (Calvados), la fièvre typhoïde sévissait sur les animaux : tous étaient atteints, deux chevaux avaient péri. Mme Morel plaça la Médaille de saint Benoît dans l'écurie, et tous les chevaux malades revinrent à la santé. — La même personne venait de perdre par une épidémie une douzaine de petits veaux, sans avoir pu sauver un seul de ceux qui furent frappés. Au moment où le fléau était dans toute sa force, elle plaça des Médailles dans l'étable. A partir de cet instant, les animaux alors malades ou qui furent atteints dans l'année ont été tous guéris.

19. GUÉRISON D'ANIMAUX. — Une Sœur converse des Bénédictines du Saint-Sacrement de Caen avait donné, au mois de juillet 1898, une Médaille de saint Benoît à sa sœur. Celle-ci, connaissant diverses personnes sur le point de perdre plusieurs de leurs bêtes trop malades pour qu'on pût espérer les conserver, fit circuler la bienheureuse Médaille des unes aux autres, et toutes furent guéries. Ces braves gens regardent ces faits comme miraculeux.

APPENDICE

VIE DE SAINT MAUR

Nous profitons de cette notice consacrée à saint Benoît et à sa Médaille pour faire connaître en quelques mots le principal disciple du Patriarche, l'apôtre de la vie bénédictine en France.

Saint Maur, né d'une famille sénatoriale de Rome en 512, fut à douze ans offert par son père à saint Benoît dans le désert de Subiaco. Formé à l'école d'un si grand et si habile maître, il atteignit le sublime degré de la perfection monastique, avant même les premières années de l'adolescence, au point que saint Benoît admirait et recommandait ses vertus, ayant coutume de le proposer à l'imitation des autres comme le modèle de l'observance régulière.

Le détail effrayant de ses austérités nous a été conservé par son biographe : il mortifiait sa chair par le cilice, le froid, les veilles et un jeûne continuel, tandis qu'il récréait son esprit par une oraison assidue.

par de pieuses larmes et par la lecture des saintes Écritures. Durant le Carême, il ne mangeait que deux fois la semaine, et en si petite quantité qu'il semblait plutôt goûter les mets que s'en nourrir. Il se reposait d'ordinaire sur un amas de chaux et de sable, couvert d'un rude cilice. Personne ne l'a jamais vu se lever avec les autres frères ; le plus souvent, quand la communauté se réunissait pour chanter les matines, il avait déjà récité cinquante ou cent psaumes, quelquefois même le psautier complet. Il passait des heures entières dans une oraison silencieuse, ne s'exprimant que par des larmes et des soupirs.

Voici en quelle circonstance il donna l'exemple d'une admirable obéissance : le petit Placide, allant puiser de l'eau, tomba dans un lac très profond, et le courant l'emportait loin du rivage. Saint Benoît, ayant connu par révélation le danger extrême où il se trouvait, commanda à saint Maur d'aller le secourir. Celui-ci, sans réfléchir à la difficulté ni au danger de cette mission, y courut aveuglément. Dieu récompensa son obéissance par un prodige : il marcha sur les eaux comme sur la terre ferme et, saisissant l'enfant par les cheveux, le ramena de la même manière sur le rivage.

Saint Benoît, admirant les vertus de son disciple, avait coutume de se faire accompagner par lui lorsqu'il implorait de Dieu un prodige, et il l'associa aux soins de son gouvernement, en le nommant prieur du monastère. Elevé au diaconat, sur l'ordre du saint Patriarche, il rendit la parole et l'agilité à un enfant muet et boiteux, par le seul attouchement de son étole.

Envoyé dans les Gaules en 543, notre Saint accomplit en route plusieurs prodiges, entre autres la guérison d'un aveugle. Après bien des sollicitudes et de pénibles travaux, il construisit en Anjou, au lieu qui a conservé son nom, un célèbre monastère, d'où la règle bénédictine se répandit dans les plus grandes abbayes de France. A cette occasion il rendit par un signe de croix la pleine santé au clerc architecte qui s'était brisé tout le corps en tombant d'un échafaudage.

Saint Maur gouverna ce monastère pendant quarante ans ; la renommée de ses vertus et de ses miracles brilla d'un tel éclat que les plus nobles seigneurs de la cour du roi Théodebert sollicitèrent de lui l'habit religieux ; il réunit sous sa conduite jusqu'à 140 moines.

Deux ans et demi avant sa mort, il abdiqua le gouvernement du monastère et mena la vie solitaire dans une cellule proche de la chapelle qu'il avait fait construire en l'honneur de saint Martin. Là il s'exerça aux œuvres de la plus rigoureuse pénitence. Atteint d'une pleurésie et réduit à l'extrémité, il voulut être porté devant l'autel de saint Martin. Il reçut les derniers sacrements et, étendu sur le cilice, expira d'une mort précieuse, le 15 janvier 584. Il était âgé de soixante-douze ans, dont il avait passé vingt sous la conduite de saint Benoît et quarante en Anjou. Son corps, d'après l'historien contemporain, fut enseveli près de l'autel du côté de l'épître, et les miracles ne tardèrent pas à se multiplier sur son tombeau ; il guérit, le même jour, trois aveugles, deux boiteux, un paralytique et trois femmes muettes.

La petite chapelle où expira saint Maur existe encore au village qui porte ce nom. Des fouilles effectuées en 1898 dans l'intérieur de cette chapelle, avec l'intention de constater la vérité de l'histoire du saint fondateur, ont vérifié point pour point ce que raconte sa *Vie*. On a mis à nu les substructions de l'oratoire primitif à trois petites nefs et d'une cellule contiguë à l'oratoire ; un sarcophage mérovingien a été trouvé exactement à l'endroit où fut inhumé saint Maur. C'est, selon toute probabilité, la tombe dans laquelle son corps reposa pendant plus de trois siècles.

On a reproduit sur le pavé le tracé des fondations de l'oratoire primitif et de la cellule : le vénérable sarcophage est exposé aux regards dans la nef principale.

Beaucoup de pèlerins viennent au monastère que saint Maur a fondé pour prier devant sa statue, l'orner de fleurs et de lumières : leur foi est souvent récompensée par des guérisons et de nombreuses grâces.

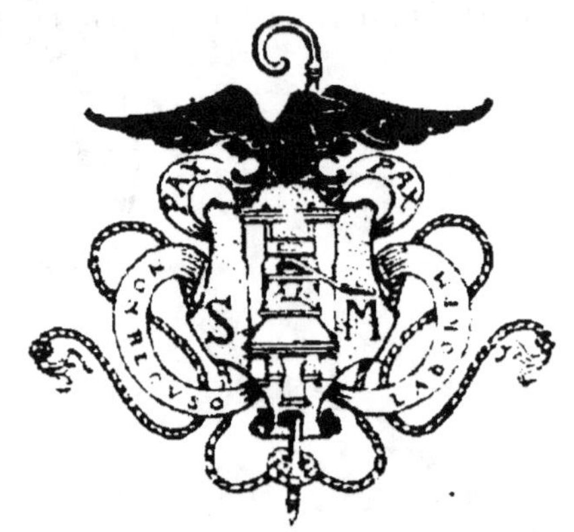

LIGUGÉ (Vienne)

IMPRIMERIE SAINT-MARTIN

M. BLUTÉ

L'exemplaire.... **0.25** ; *franco,* **0.30**
La douzaine..... **2.50** ;   —   **3.** »

FEUILLE EXPLICATIVE
de la Médaille de saint Benoît

L'exemplaire.... **0.05**
La douzaine..... **0.20** ; *franco,* **0.25**
Le cent......... **1.25** ;   —   **1.40**

9 782329 691657